GARFIELD

réveille-matin

PAR JIM DAVIS

JIM DAVIS

GARFIELD
réveille-matin

TRADUIT DE L'AMÉRICAIN PAR
JEAN-ROBERT SAUCYER

Version française:
Presses Aventure, une division de
Les Publications Modus Vivendi Inc.
C.P. 213, Dépôt Sainte-Dorothée
Laval (Québec)
Canada
H7X 2T4

Dépôt légal: 1er trimestre 1999
Bibliothèque nationale du Québec
Bibliothèque nationale du Canada

ISBN: 2-922148-55-6

JE TE DÉCERNE LE PRIX DE LA MAUVAISE HUMEUR
© 1997 PAWS, INC./Distributed by Universal Press Syndicate
QUE SUIS-JE CENSÉ FAIRE DE CE STUPIDE TROPHÉE...?
JIM DAVIS 5-14
DIRE QUE JE SUIS LE MEILLEUR

JIM DAVIS 5-15
© 1997 PAWS, INC./Distributed by Universal Press Syndicate
NOUS VENONS T'EMBÊTER À TOUR DE RÔLE

VOICI UNE EAU DE COLOGNE PERSONNALISÉE
ON ASSOCIE LA PERSONNALITÉ À UNE FRAGRANCE QUI LUI CONVIENT
ÇA S'APPELLE «EAU D'ANDOUILLE»
AVEC ÇA, PAS BESOIN DE GARDE DU CORPS!
© 1997 PAWS, INC./Distributed by Universal Press Syndicate
JIM DAVIS 5-16

J'AI PASSÉ HUIT HEURES À ASSEMBLER UN PUZZLE
© 1997 PAWS, INC./Distributed by Universal Press Syndicate
EN FAIT, IL MANQUAIT UNE PIÈCE
QUEL HASARD!
J'AI PASSÉ HUIT HEURES À ASSEMBLER UN PUZZLE ET IL MANQUAIT 499 PIÈCES
JIM DAVIS 5-17

GARFIELD
CLIC
CLIC
CLIC
© 1997 PAWS, INC./Distributed by Universal Press Syndicate
EUF
JIM DAVIS 5-18
LE TEMPS EST LONG QUAND ON ATTEND LE LIVREUR DE PIZZA!

REGARDE GARFIELD!
UNE NOUVELLE MARQUE DE GÂTERIES POUR CHATONS!
ELLES ONT LA FORME DE PETITS FACTEURS QUI S'ENFUIENT
«FONCTION-NAIRES GIVRÉS DE SUCRE». J'ACHÈTE!
© 1997 PAWS, INC./Distributed by Universal Press Syndicate
JIM DAVIS 5-19

GARFIELD, SI VRRRAIMENT TU ES GENTIL...
mlam mlam
JE VAIS TE DONNER UNE GÂTERIE
HUM
IL SEMBLE QUE JE VAIS ENCORE DEVOIR LE RUDOYER POUR METTRE LA PATTE SUR LA BOÎTE
© 1997 PAWS, INC./Distributed by Universal Press Syndicate
JIM DAVIS 5-20

© 1997 PAWS, INC./Distributed by Universal Press Syndicate
AAHHH
HOUOUOUOU
DE NOUVELLES GÂTERIES À SAVEUR DE LASAGNE
JIM DAVIS 5-21

NAVRÉ VIEUX, PLUS DE GÂTERIES POUR CHATS
© 1997 PAWS, INC./Distributed by Universal Press Syndicate
J'IRAI PEUT-ÊTRE EN ACHETER QUAND J'EN AURAI LE TEMPS
JIM DAVIS 5-22
DES BONS DE RÉDUCTION?
MIAM MIAM

UN NOUVEAU POISSON!
MINUTE! JE NE SUIS PAS QU'UN POISSON ; JE SUIS UN POISSON MAGIQUE
TIENS DONC!
VRAIMENT! JE PUIS T'ACCORDER TON VŒU LE PLUS CHER
D'ACCORD! JE DÉSIRE DE LA SAUCE TARTARE
ZUT! C'EST LOUPÉ!
© 1997 PAWS, INC./Distributed by Universal Press Syndicate
JIM DAVIS 5-23

QU'AS-TU DONC DANS LA BOUCHE, GARFIELD?
RIEN
© 1997 PAWS, INC./Distributed by Universal Press Syndicate
GARFIELD ?!
C'EST L'UN DE CES OISEAUX QUI RESSEMBLENT AUX HIRONDELLES MAIS N'EN SONT PAS. J'AI OUBLIÉ COMMENT ON LES APPELLE
JIM DAVIS 5-24

GARFIELD®
HUM PFFT!
REGARDE-TOI, GROS PARESSEUX!
DEBOUT! BOUGE DE LÀ! SECOUE-TOI!
VA JOUER DEHORS! PRENDS UNE BOUFFÉE D'AIR!
VA À LA BIBLIOTHÈQUE, OUVRE UN LIVRE!
ENCORE AVACHI SUR TON FAUTEUIL, HEIN?
OUAIS
JIM DAVIS 3-25
BIIIEN! JE T'AI BIEN FORMÉ!
© 1987 PAWS, INC./Distributed by Universal Press Syndicate

N'INSISTE PAS GARFIELD
GARFIE
JIM DAVIS 5-26
© 1997 PAWS. INC./Distributed by Universal Press Syndicate
TU AS DÉJEUNÉ IL Y A UNE HEURE
GARFIE
CESSE DE VIVRE DANS LE PASSÉ JON
GARF

ODIE A UN PEU FROID. JE L'AIDE À ENFILER QUELQUES CHAUSSETTES
JIM DAVIS 5-27
© 1997 PAWS. INC./Distributed by Universal Press Syndicate

ME VOICI AU BAL DES FINISSANTS
Photos
JIM DAVIS 5-28
LE THÈME EN ÉTAIT : LA SANTÉ DES OS GRÂCE AUX PRODUITS LAITIERS
© 1997 PAWS, INC./Distributed by Universal Press Syndicate
ON M'A ÉLU ROI DES PIS
BEAU COSTUME!

GARFIELD!
JIM DAVIS 5-29
© 1997 PAWS, INC./Distributed by Universal Press Syndicate
AS-TU BRISÉ CETTE LAMPE?!
SEULEMENT LA PARTIE DU BAS

C'EST L'HEURE DE LA RIGOLADE!
JIM DAVIS 5-30
© 1997 PAWS, INC./Distributed by Universal Press Syndicate
LE RÉVEIL RETARDE PEUT-ÊTRE

RIEZ ET LE MONDE RIRA AVEC VOUS!
JIM DAVIS 5-31
© 1997 PAWS, INC./Distributed by Universal Press Syndicate
T'AS RIEN DE MIEUX À FAIRE, LE MONDE?

GARFIELD
© 1997 PAWS, INC./Distributed by Universal Press Syndicate
C'EST LA DERNIÈRE FOIS QUE JE T'EMMÈNE DANS UN LAVE-AUTO
PEUX-TU METTRE ÇA PAR ÉCRIT?
JIM DAVIS 6-1

HUM...
«SCORPION : UN VOYAGE IMPRÉVU MODIFIE VOTRE AVENIR IMMÉDIAT»
WHACK
JIM DAVIS 6-2
© 1997 PAWS, INC./Distributed by Universal Press Syndicate

JE M'APPELLE MYRON ET JE SUIS NOUVEAU PAR ICI
GROS MAILLET!
UNE SI BRÈVE EXISTENCE, UNE FIN PLUS BRÈVE ENCORE
JIM DAVIS 6-3
© 1997 PAWS, INC./Distributed by Universal Press Syndicate

HÉ! JE CROYAIS T'AVOIR ÉCRASÉE HIER
NAN!
SEULEMENT UNE DE MES PATTES
VEUX-TU SIGNER TON NOM SUR MON PLÂTRE?
JIM DAVIS 6-4
© 1997 PAWS, INC./Distributed by Universal Press Syndicate

QU'EST-IL ARRIVÉ?
LE CHAT M'A ÉCRASÉE. IL DÉTESTE LES ARAIGNÉES
TU N'ES PAS LA SEULE
IL HAIT AUSSI LES MOUCHES
OUILLE!
JIM DAVIS 6-5
© 1997 PAWS, INC./Distributed by Universal Press Syndicate

QUE FONT LES ARAIGNÉES POUR SE DIVERTIR?
MOI, J'ADORE LA LECTURE
EH BIEN, AMUSE-TOI!
JIM DAVIS 6-6
© 1997 PAWS, INC./Distributed by Universal Press Syndicate

JIM DAVIS 6-7
SPLUT
HI HI HI
RIEN N'EST PLUS DÉTESTABLE QU'UNE ARAIGNÉE INTELLIGENTE
© 1997 PAWS, INC./Distributed by Universal Press Syndicate

GARFIELD
ARAIGNÉE, TU AS BONNE MINE!
OUAIS...
ON A RETIRÉ MON CORSET DE PLÂTRE HIER
© 1987 PAWS, INC./Distributed by Universal Press Syndicate
ON A DÉFAIT MES POINTS DE SUTURE LA SEMAINE DERNIÈRE ET JE N'AI PLUS À PORTER UNE MINERVE AUTOUR DU COU
LE DOC PRÉTEND QUE JE SUIS GUÉRIE. LA SEULE CHOSE QUI N'EST PAS ENCORE REVENUE, C'EST...
SMACK
MA MÉMOIRE
JIM DAVIS 6-8

LE CAFÉ EST LE BREUVAGE IDÉAL POUR QUI FAIT UN RÉGIME: FAIBLE EN CALORIES
SCHLURP
ÉLEVÉ EN OCTANE!
JIM DAVIS 6-9

GARFIELD, J'AI ACHETÉ DU CAFÉ AROMATISÉ. QU'EN DIS-TU?
JIM DAVIS 6-10
Phhht
LA VIE COMPORTE CERTAINS RISQUES...

JIM DAVIS 6-11
© 1997 PAWS, INC./Distributed by Universal Press Syndicate
LE CAFÉ A GOBÉ MON BEIGNET
LE CAFÉ EST-IL CORSÉ À TON GOÛT ?
BURP
OUI, MAIS LE BEIGNET EST TROP FAIBLE

SNAP SNAP
© 1997 PAWS, INC./Distributed by Universal Press Syndicate
AUTRE CHOSE, MAÎTRE?
PAS POUR L'INSTANT. MAIS SOIS PRÊT À RECEVOIR LES MIETTES
JIM DAVIS 6-12

ON ME DIT QUE QUELQU'UN AURA BIENTÔT 19 ANS
© 1997 PAWS, INC./Distributed by Universal Press Syndicate
JIM DAVIS 6-13
TU TE L'ES ENCORE OUVERTE?
JUIN

TU NE VIEILLIS PAS, TU DEVIENS PLUS...
TU DEVIENS PLUS... EUH... EUH...
© 1997 PAWS, INC./Distributed by Universal Press Syndicate
QU'EST-CE QUE JE DISAIS DONC?
JIM DAVIS 6-14

er Garfield,
on fan numéro uno,
antes
Z
GAAAAARRR-FIIIEEELLD...
VIENS PAR ICI, GARFIELD
AVANCE PAR IIICIIII...
JIM DAVIS 6-15
APPROCHE-TOI DE LA LUMIÈRE, GARFIELD...
MARCHE VERS LA LUMIÈRE...
SORS DE LÀ!
© 1987 PAWS, INC./Distributed by Universal Press Syndicate

JE ME SENS VIEUX, SOURIS
QUEL ÂGE AS-TU?
J'AURAI BIENTÔT 19 ANS
OUAH!
© 1997 PAWS, INC./Distributed by Universal Press Syndicate
EUH... JE VEUX DIRE... VRAIMENT?
JIM DAVIS 6-16

TAP TAP TAP
© 1997 PAWS, INC./Distributed by Universal Press Syndicate
HI HI HI
ATTENDS VOIR TON PROCHAIN ANNIVERSAIRE!
JIM DAVIS 6-17

GARFIELD, J'AI FAIT LE CALCUL...
© 1997 PAWS, INC./Distributed by Universal Press Syndicate
SI JE COMPTE EN MOYENNE TES 18 HEURES DE SOMMEIL QUOTIDIEN MULTIPLIÉ PAR TON ÂGE, TU AS DORMI PENDANT 14 ANS ET TROIS MOIS
JIM DAVIS 6-18
LES PLUS BELLES ANNÉES DE MA VIE!

FIOU!
JIM DAVIS 6-19
© 1997 PAWS, INC./Distributed by Universal Press Syndicate
EST-CE QU'IL FAIT CHAUD ICI OU EST-CE MOI QUI...
BON ANNIVERSAIRE!
C'EST BIEN MOI!

JE L'AI INVITÉE À UN GRAND DÎNER, CE SOIR
© 1997 PAWS, INC./Distributed by Universal Press Syndicate
JE NE REGARDERAI PAS À LA DÉPENSE
CE SOIR, PAS QUESTION DE SERVICE À L'AUTO!
JE NE TE RECONNAIS PLUS, MONSIEUR NEZ-EN-L'AIR
JIM DAVIS 6-20

HENRIETTE, SI JAMAIS TU ME QUITTAIS, JE ME PENDRAIS PAR LES RACINES!
JIM DAVIS 6-21
MIAM
© 1997 PAWS, INC./Distributed by Universal Press Syndicate
AI-JE DIT «LES RACINES»?

JON ARBUCKLE
19
PAYEZ À L'ORDRE DE
GARFIELD
LA SOMME DE
DOLLARS
POUR
MMMMM
AHHHHHHHHH
RIEN N'EST PLUS AGRÉABLE QUE DE DORMIR DANS L'HERBE BIEN FRAÎCHE PAR UN BEAU SOIR D'ÉTÉ!
GARFIELD, L'HEURE DU DODO!
ZUT!
JPM DAVIS 6-22
© 1987 PAWS, INC./Distributed by Universal Press Syndicate
REMETS ÇA OÙ TU L'AS PRIS!

TU N'AS RIEN FAIT DE LA JOURNÉE QUI RESSEMBLE VAGUEMENT À UN TRAVAIL UTILE, N'EST-CE PAS?
LE DÎNER ÉTAIT PLUTÔT DIFFICILE À MÂCHER
JIM DAVIS 6·23
© 1997 PAWS, INC./Distributed by Universal Press Syndicate

JIM DAVIS 6·24
© 1997 PAWS, INC./Distributed by Universal Press Syndicate
ODIE
IL NE BOIT PAS. IL ÉCLABOUSSE
ODIE

Z
Z
JIM DAVIS 6-25
PAPA, LES CHAPONS SE NOIENT!
© 1997 PAWS, INC./Distributed by Universal Press Syndicate
Z
UN CAUCHEMAR FERMIER RÉCURRENT

SAIS-TU CE QUI EST DRÔLE?
JIM DAVIS 6-26
© 1997 PAWS, INC./Distributed by Universal Press Syndicate
MOI NON PLUS
UN RARE MOMENT DE CANDEUR

PUIS-JE PARLER AU MAÎTRE DE MAISON?
QU'ENTENDEZ-VOUS PAR MAÎTRE?
© 1997 PAWS, INC./Distributed by Universal Press Syndicate
JIM DAVIS 6-27

ES-TU SÛR QU'IL S'AGISSE DE LA BONNE QUANTITÉ DE PIMENT ROUGE À AJOUTER À CE PLAT?
ABSOLUMENT!
FOUF!
À LA POUBELLE À PRÉSENT ET COMMANDE UNE PIZZA!
© 1997 PAWS, INC./Distributed by Universal Press Syndicate
JIM DAVIS 6-28

GARFIEL
JIM DAVIS 6-29
© 1997 PAWS, INC./Distributed by Universal Press Syndicate
GARE AU CHIEN
SÉRIEUSEMENT CE CHIEN EST DANGEREUX!
D'ACCORD! D'ACCORD! JE N'AI PAS DE CHIEN!
JE VOULAIS UN CHIEN MAIS «NON, ÇA SALIT TROP!» A DIT MA MÈRE
JE VAIS MONTRER À MA MÈRE! JE VAIS MONTRER À TOUS!!!
GARE AU TYPE COSTUMÉ EN CHIEN

TU AS VU CETTE JOLIE FEMME?
ELLE M'A SOURI
AVANT OU APRÈS T'AVOIR MONTRÉ DU DOIGT ET RICANÉ?
JIM DAVIS 6-30
© 1997 PAWS, INC./Distributed by Universal Press Syndicate

LES FILLES AIMENT LES INTELLOS
AUSSI, JE PARFAIS MA CULTURE LITTÉRAIRE
«MARIO CHAPDELAINE A RENCONTRÉ MLLE BOVARY AU CINÉ-PARC...»
IL LIT UN ALBUM À COLORIER
JIM DAVIS 7-1
© 1997 PAWS, INC./Distributed by Universal Press Syndicate

SALUT MA JOLIE NANA, CHA-NA-NA!
JIM DAVIS 7-2
© 1997 PAWS, INC./Distributed by Universal Press Syndicate
DITES DONC? ÊTES-VOUS ODIEUX OU SIMPLEMENT IDIOT?
JE VOUS RÉSERVE LE PLAISIR DE LE DÉCOUVRIR
LÀ, NOUS SOMMES IDIOTS

AINSI, SARAH, MA PERSONNALITÉ T'INDIFFÈRE?
JIM DAVIS 7-3
EH BIEN, C'EST TOI LE DINDON DE LA FARCE!
© 1997 PAWS, INC./Distributed by Universal Press Syndicate
JE N'AI PAS DE PERSONNALITÉ!
UN BON POINT POUR LUI

JIM DAVIS 7-4
CROYEZ-VOUS AU COUP DE FOUDRE?
© 1997 PAWS, INC./Distributed by Universal Press Syndicate
J'AI UNE BRIQUE DANS MON SAC
DOIT S'AGIR D'UN CODE

EUF...
GARFIELD, DIS-MOI POURQUOI J'EXISTE?
© 1997 PAWS, INC./Distributed by Universal Press Syndicate
POUR QUE TES PROCHES SE SENTENT SUPÉRIEURS?
JIM DAVIS 7-5

30

GARFIELD®
AHHHH
AHHHH
JPM DAVPS 7-6
AHHHHHHHHHHHHH
© 1997 PAWS, INC./Distributed by Universal Press Syndicate

VOYEZ LE CHAT PARESSEUX
JIM DAVIS 7-7
VOYEZ LE CHAT PARESSEUX QUI DORT SUR LA ROUTE
© 1997 PAWS, INC./Distributed by Universal Press Syndicate
VOYEZ LE ROULEAU COMPRESSEUR...
CHAT, RÉVEILLE-TOI!

HÉ! CE N'EST PAS DE L'EAU...
© 1997 PAWS, INC./Distributed by Universal Press Syndicate
C'EST DU BOUILLON DE POULET!
MON POTAGE À L'HIRONDELLE? VIENT DE S'ENVOLER!
JIM DAVIS 7-8

J'ENSEIGNE À ODIE COMMENT DEVENIR UN CHIEN DE GARDE
QUE FERAS-TU SI UN CAMBRIOLEUR PÉNÈTRE DANS LA MAISON?
BON RÉFLEXE! TU M'OFFRES UN SANDWICH AU JAMBON!
JIM DAVIS 7-9
© 1997 PAWS, INC./Distributed by Universal Press Syndicate

J'AI MON BALLON DE PLAGE, MES PALMES, MA PLANCHE À VOILE
AÏE!
JE VAIS CHERCHER TON MAILLOT
JIM DAVIS 7-10
© 1997 PAWS, INC./Distributed by Universal Press Syndicate

CETTE LOTION EST CENSÉE PRÉVENIR LES COUPS DE SOLEIL
© 1997 PAWS, INC./Distributed by Universal Press Syndicate
TU EN VEUX, GARFIELD?
NON, PAS BESOIN
MAIS DEUX TROUS VIS-À-VIS LES YEUX SERAIENT APPRÉCIÉS
JIM DAVIS 7-11

JIM DAVIS 7-12
QU'EN DIS-TU GARFIELD?
TU N'INTERROGES PAS LA BONNE PERSONNE, JON
© 1997 PAWS, INC./Distributed by Universal Press Syndicate
POUR UN CHAT, UN CHÂTEAU DE SABLE N'EST RIEN DE PLUS QU'UNE LITIÈRE AVEC DES TOURELLES

LOTION
QUELLE BELLE JOURNÉE!
JE DÉTESTE ALLER À LA PLAGE AVEC JON
CHAUD! CHAUD! CHAUD! CHAUD! CHAUD!
REQUINS!
CONTRE-COURANT
© 1997 PAWS, INC./Distributed by Universal Press Syndicate
RAZ-DE-MARÉE!
IL FAUT TOUJOURS QU'IL SOIT LE CENTRE D'ATTENTION
TORNADE!
JIM DAVIS 7-13

CE SERAIT DOMMAGE DE LE RÉVEILLER
Z
PAR CONTRE...
Z
© 1997 PAWS, INC./Distributed by Universal Press Syndicate
ÇA NE DEVRAIT PAS ÊTRE TRISTE
Z
JIM DAVIS 7-14

JIM DAVIS 7-15
REGARDEZ-MOI CETTE SUPER NANA!
© 1997 PAWS, INC./Distributed by Universal Press Syndicate
ET REGARDEZ AUSSI CET HERCULE QUI REVIENT AVEC DEUX GLACES!
EN FAIT, C'EST PLUTÔT RAFRAÎCHISSANT

JIM DAVIS 7-16
O-DIE! O-DIE!
© 1997 PAWS, INC./Distributed by Universal Press Syndicate
GAR-FIELD!

JE RENONCE. J'AI INVITÉ TOUTES LES FILLES SUR LA PLAGE
JIM DAVIS 7-17
© 1997 PAWS, INC./Distributed by Universal Press Syndicate
ET TOUTES ONT DIT «NON»
MÊME CELLE AU DOS VELU?
MÊME CELLE AU DOS VELU!

NOTRE SÉJOUR À LA MER EST UN CUISANT ÉCHEC
JIM DAVIS 7-18
JE N'AI PAS RENCONTRÉ UNE SEULE FILLE
NE T'EN FAIS PAS...
TAP TAP
© 1997 PAWS, INC./Distributed by Universal Press Syndicate
OUILLE
T'AURAS TOUJOURS TON COUP DE SOLEIL POUR TE TENIR AU CHAUD

BEURK! UN POISSON CREVÉ!
© 1997 PAWS, INC./Distributed by Universal Press Syndicate
UN POISSON MORT, FÉTIDE ET DÉGOÛTANT...
JIM DAVIS 7-19
QUELLE EST CETTE ODEUR?

Pépin , Tuile & Cie
CARACTÈRES
ÉDITION
FORMAT
OUTILS
COMPOSITION
JON
ODIE
NERMAL
GARFIELD
ARLENE
POOKY
GARFIELD
...5-4-3-2...
GARFIELD
JIM DAVIS 7-20
TCHOU TCHOU
TCHOU TCHOU
TCHOU TCHOU
GARFI
MIAM!
BURP
RFIELD
TCHOU TCHOU
TCHOU TCHOU
TCHOU TCHOU
GARFIELD
LE TRAIN DE 17H05
EST TOUJOURS
À L'HEURE
GARFIELD
© 1997 PAWS, INC./Distributed by Universal Press Syndicate

SAUVE QUI PEUT!
UN GLACIER VIENT DANS NOTRE DIRECTION!
© 1997 PAWS, INC./Distributed by Universal Press Syndicate
IL SERA ICI DANS 40 MILLIONS D'ANNÉES!
SORS DU RÉFRIGÉRATEUR, GARFIELD!
JIM DAVIS 7-21

ODIE ET MOI PARTONS EN PROMENADE
CIAO!
© 1997 PAWS, INC./Distributed by Universal Press Syndicate
ET NE CHANGE PLUS LES SERRURES!
BLÂME ENCORE LE CHAT!
JIM DAVIS 7-22

LA NATURE EST EXALTANTE, HEIN GARFIELD?
JIM DAVIS 7-23
© 1997 PAWS, INC./Distributed by Universal Press Syndicate
LA NATURE EST ENNUYEUSE
TU FIXES LE PAPIER PEINT
ALORS TON PAPIER PEINT EST ENNUYEUX

JE SUIS DE MAUVAISE HUMEUR
© 1997 PAWS, INC. Distributed by Universal Press Syndicate
RELATIVEMENT PARLANT
JIM DAVIS 7-24

VOIS GARFIELD! J'AI FAIT UNE SCULPTURE AVEC DU FROMAGE
DU BEAU TRAVAIL!
ÉSOTÉRIQUE MAIS PIQUANT!
© 1997 PAWS INC. Distributed by Universal Press Syndicate
JIM DAVIS 7-25

J'ADORE LA NUIT! JE SENS LES CRÉATURES DE LA FORÊT TERRIFIÉES À MA SEULE VUE
© 1997 PAWS, INC./Distributed by Universal Press Syndicate
JIM DAVIS 7-26
JE DÉTESTE LA NUIT!

GARFIELD
DRING DRING
DRING DRING
CLIC
ICI JON ARBUCKLE. LAISSEZ VOTRE NOM ET VOTRE MESSAGE AU SON DU TIMBRE. BIIIIIIIIIIP
ALLÔ JON, C'EST TAMI, LA MENEUSE DE CLAQUE PROFESSIONNELLE QUE TU AS RENCONTRÉE À LA PIZZERIA...
JE PENSE SANS CESSE À TOI! TÉLÉPHONE-MOI. MON NUMÉRO EST...
CLIC CLIC
RIIIIIIIP
STOMP
J'ARRIVE PAS À CROIRE QU'IL A BOUFFÉ DE LA PIZZA SANS MOI!
JPM DAVIS 7-27
© 1997 PAWS, INC./Distributed by Universal Press Syndicate

JE SENS MON INSTINCT PRIMITIF QUI REMONTE À LA SURFACE
JIM DAVIS 7-28
JE DOIS RETOURNER À MES LOINTAINES RACINES SAUVAGES
© 1997 PAWS, INC./Distributed by Universal Press Syndicate
COMMANDE-MOI UN TAXI!

© 1997 PAWS, INC./Distributed by Universal Press Syndicate
BOU!
LES CHATS SONT CENSÉS ÊTRE TRÈS NERVEUX
DONNE-MOI DU TEMPS. C'EST SEULEMENT MA DEUXIÈME TASSE
JIM DAVIS 7-29

ICI MINET, ICI!
BON MINET!
OUAH! UNE SURPRISE POUR LA FIN
© 1997 PAWS, INC./Distributed by Universal Press Syndicate
JIM DAVIS 7-30

DES ÉTUDES RÉVÈLENT QUE LES CHATS N'ATTERRISSENT **PAS** TOUJOURS SUR LEURS PATTES
JIM DAVIS 7-31
© 1997 PAWS, INC Distributed by Universal Press Syndicate
TU BOITES ENCORE, JON?
FICHE-MOI LA PAIX
J'ATTERRIS SUR LES PATTES DES **AUTRES**

ON PARLE ICI D'UN CHAT QUI A SAUVÉ DES GENS D'UN IMMEUBLE EN FLAMMES
JE PARIE QUE TU NE POURRAIS PAS
BIEN SÛR QUE SI
© 1997 PAWS, INC. Distributed by Universal Press Syndicate
DONNE-MOI DES ALLUMETTES!
JIM DAVIS 8-1

SNIF SNIF
NON MAIS, ÇA SENT LE THON?
© 1997 PAWS, INC. Distributed by Universal Press Syndicate
ON FAIT DU PARFUM POUR CHAT, À PRÉSENT
JIM DAVIS 8-2

GARFIELD
© 1987 PAWS, INC./Distributed by Universal Press Syndicate
IL VA LE DIRE
IL VA FINIR PAR LE DIRE
IL NE S'APPELLERAIT PAS JON S'IL NE LE DISAIT PAS
4...3...2...1...
JIM DAVIS 8-3
COMME CE TRAIN EST LONG!
GRRR!

DEUX BEIGNETS VISIBLES POUR MOI
ET DEUX BEIGNETS INVISIBLES POUR TOI
DONNE-M'EN UN!
NE SOIS PAS SI GOURMAND!
JIM DAVIS 8-4
© 1997 PAWS, INC./Distributed by Universal Press Syndicate

DÉSORMAIS, JE CHOISIRAI NOTRE PASSE-TEMPS
JIM DAVIS 8-5
© 1997 PAWS, INC./Distributed by Universal Press Syndicate

VOICI CE QUI RESTE DU CANAPÉ
JIM DAVIS 8-6
© 1997 PAWS, INC./Distributed by Universal Press Syndicate
GRATT
GRATT
GRATT

J'ESPÈRE QUE TU APPRÉCIES LE MAL QUE JE ME DONNE À PRÉPARER LES REPAS
© 1997 PAWS, INC./Distributed by Universal Press Syndicate
OUILLE!
LE SAC DE CROUSTILLES TE FAIT ENCORE DES ENNUIS?
JE ME SUIS COUPÉ AVEC LE FIL DU PAPIER
JIM DAVIS 8-7

HÉLÈNE M'INTERDIT DE VENIR À SA SAUTERIE, GARFIELD
JIM DAVIS 8-8
© 1997 PAWS, INC./Distributed by Universal Press Syndicate
J'EN SUIS SI TRISTE
J'AI AU MOINS UN AMI POUR ME RÉCONFORTER
J'AIMERAIS BIEN, MAIS JE SUIS INVITÉ À UNE PETITE SAUTERIE

Z
RRINNG!
© 1997 PAWS, INC./Distributed by Universal Press Syndicate
Z
RRRRRIINNG
Z
Z
JIM DAVIS 8-9

GARFIELD
OUF!
GARFIELD
FIELD
GOOOSH
TCHIC
TCHAC
TCHAC
TCHAC
PSSSSHHHHHT!
LE CHATON A CHAUD?
JIM DAVIS 8-10
© 1997 PAWS, INC./Distributed by Universal Press Syndicate
PLUS MOYEN DE RIRE ICI

VOILÀ DES MILLIONS D'ANNÉES, LES DINOSAURES ÉTAIENT ROIS SUR TERRE
© 1997 PAWS, INC./Distributed by Universal Press Syndicate
MINUTE!
IL NE SERAIT PAS QUESTION DE LA DERNIÈRE FOIS QUE TU AS EU UN RENDEZ-VOUS GALANT?
JIM DAVIS 8-11

LORI, QUE DIRIEZ-VOUS DE DÎNER AVEC MOI?
JIM DAVIS 8-12
DANS CE CAS, LE DÉJEUNER? LE BRUNCH? LE PETIT DÉJEUNER?
© 1997 PAWS, INC./Distributed by Universal Press Syndicate
QUE DIRIEZ-VOUS SI JE VENAIS CHEZ VOUS EN BAGNOLE ET QUE JE LANÇAIS UNE QUICHE SUR VOTRE PERRON?
PRENDS GARDE DE NE PAS TROP RAMPER, JON

HÉLÈNE, SI VOUS REFUSEZ DE M'ACCOMPAGNER, JE MOURRAI
JIM DAVIS 8-13
CE N'EST QU'UNE FAÇON DE PARLER, BIEN ENTENDU
© 1997 PAWS. INC./Distributed by Universal Press Syndicate
NON, JE NE VOUS DONNERAI PAS MON ORDINATEUR
PUIS-JE AVOIR LA TÉLÉ?

PLUS QU'UNE CHOSE À ACCOMPLIR ET JE SERAI PRÊT À ME RENDRE À CE RENDEZ-VOUS GALANT
BOP BOP BIP BOP BIP BOP BIP BIP
© 1997 PAWS. INC. Distributed by Universal Press Syndicate
ALLÔ SHEILA? DITES, QUE FAITES-VOUS CE SOIR?
PATHÉTIQUE!
JIM DAVIS 8-14

LES NANAS NE RETOURNENT PAS MES APPELS, GARFIELD
AUCUNE N'A VOULU SORTIR AVEC MOI DEPUIS DES MOIS
© 1997 PAWS, INC./Distributed by Universal Press Syndicate
JE DOIS LES INTIMIDER
L'UNIVERS DE JON S'OUVRE À NOUS
JIM DAVIS 8-15

ALLÔ SUZIE, ICI JON, UN AMI NOUS A ORGANISÉ UN RENDEZ-VOUS
JIM DAVIS 8-16
OÙ AIMERIEZ-VOUS DÎNER CE SOIR?
© 1997 PAWS, INC./Distributed by Universal Press Syndicate
VOUS AVEZ UNE ENVIE DE VIANDE CRUE?
ENFIN, UNE VRAIE FEMME!

GARFIELD
JIM DAVIS 8-17
!
© 1987 PAWS, INC./Distributed by Universal Press Syndicate

JE VAIS CACHER CE GÂTEAU POUR ÉVITER LA TENTATION
LAISSE-MOI FAIRE!
LA TENTATION A DISPARU!
JPM DAVPS 8-18

FOUS LE CAMP!
ET RESTES-Y!
JPM DAVPS 8-19

JIM DAVIS 8-20
TAP TAP TAP
IL FAIT 30 DEGRÉS
© 1997 PAWS, INC./Distributed by Universal Press Syndicate
ET NOUS N'AVONS PLUS DE SUCRE À GLACER!

JE M'ENNUIE
JIM DAVIS 8-21
© 1997 PAWS, INC./Distributed by Universal Press Syndicate
UNE CHAUVE-SOURIS ME COLLE AUX CHEVEUX!
DIRE QUE D'AUTRES ONT TOUS LES PLAISIRS

DÉGOÛTANT!
JIM DAVIS 8-22
ELLE PARLAIT DE TOI
ELLE PARLAIT DE TOI
© 1997 PAWS, INC./Distributed by Universal Press Syndicate
PEUT-ÊTRE PARLAIT-ELLE D'ELLE?
DISONS

Le chat est idiot
PSSST!
JIM DAVIS 8-23
CLAC
CLAC
CLAC
CLAC
Le chat est idiot
HUM
© 1997 PAWS, INC./Distributed by Universal Press Syndicate
Le chat est idiot

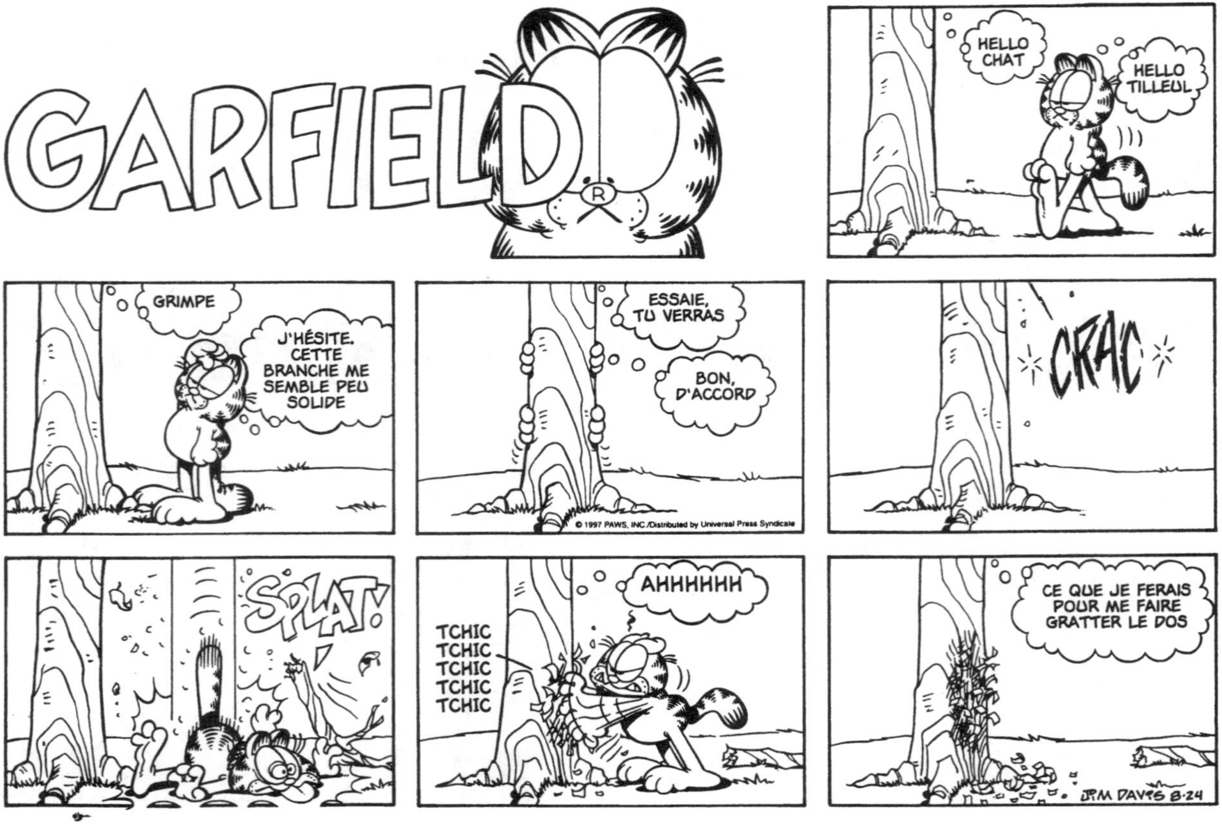
GARFIELD
HELLO CHAT
HELLO TILLEUL
GRIMPE
J'HÉSITE. CETTE BRANCHE ME SEMBLE PEU SOLIDE
ESSAIE, TU VERRAS
BON, D'ACCORD
© 1997 PAWS, INC./Distributed by Universal Press Syndicate
CRAC
SPLAT!
AHHHHHH
TCHIC TCHIC TCHIC TCHIC TCHIC
CE QUE JE FERAIS POUR ME FAIRE GRATTER LE DOS
JIM DAVIS 8-24

JE SUIS COINCÉ!
JE NE PEUX ME LEVER!
TOUT VA BIEN!
JIM DAVIS 8-25
© 1997 PAWS. INC./Distributed by Universal Press Syndicate

QU'ADVIENDRAIT-IL SI J'ÉTAIS AUSSI PARESSEUX QUE TOI?
JE N'AURAIS PAS À RÉPONDRE À TES QUESTIONS IDIOTES
JIM DAVIS 8-26
© 1997 PAWS. INC./Distributed by Universal Press Syndicate

JIM DAVIS 8-27
© 1997 PAWS, INC./Distributed by Universal Press Syndicate
GARFIELD
JE MASTIQUERAI MOI-MÊME CE MATIN
NE TE SURMÈNE PAS

JE CROYAIS T'AVOIR DIT DE BOUGER UN PEU
© 1997 PAWS, INC./Distributed by Universal Press Syndicate
À L'ÉVIDENCE, JON NE TIENT PAS COMPTE DE LA ROTATION DE LA TERRE
JIM DAVIS 8-28

N'AS-TU DONC RIEN À FAIRE?
JE SURVEILLE CETTE FISSURE AU PLAFOND
À PRÉSENT, JE N'AI RIEN À FAIRE
© 1997 PAWS, INC./Distributed by Universal Press Syndicate
JIM DAVIS 8-29

TU DEVRAIS AVOIR HONTE, ESPÈCE DE GROS CHAT PARESSEUX, INUTILE ET PATHÉTIQUE!
AH-HA!
© 1997 PAWS, INC./Distributed by Universal Press Syndicate
JIM DAVIS 8-30

GARFIELD ®
MAMAN M'A ARRANGÉ UN RENDEZ-VOUS AVEC UNE INCONNUE
ELLE PRÉTEND QU'ELLE A UN BON SENS DE L'HUMOUR
EXCUSE-MOI
BWAH-HA HAHA! HA! HA! HA! HA! HAR HAR HAR
© 1987 PAWS, INC./Distributed by Universal Press Syndicate
GAH-HA! HA! OUAH HI! WAH HA! HA! HA! *HOU HOU* EUH EUH
JIM DAVIS 8-31
POURSUIS?
ON L'A COURONNÉE CHAMPIONNE AVALEUSE DE COUENNE DE PORC À LA FOIRE AGRICOLE
EXCUSE-MOI ENCORE

TU ES LE PLUS AFFREUX DES PETITS MINETS QUE J'AIE VUS
© 1997 PAWS. INC./Distributed by Universal Press Syndicate
JIM DAVIS 9-1
VOUS ME TROUVEZ PETIT?

ODIE COMPLOTE
© 1997 PAWS. INC./Distributed by Universal Press Syndicate
IL COMPLOTE DE SE FROTTER LES PATTES L'UNE CONTRE L'AUTRE
JIM DAVIS 9-2

GARFIELD A LE CHRONO EN MAIN
© 1997 PAWS, INC./Distributed by Universal Press Syndicate
ALORS?
O.K. VAS-Y!
CLIC
JIM DAVIS 9-3

JE VAIS JOINTOYER LES CARREAUX DE LA SALLE DE BAINS
© 1997 PAWS, INC./Distributed by Universal Press Syndicate
ELLE N'ÉTAIT PAS SI ÉPAISSE MA SAUCE!
JIM DAVIS 9-4

CROIS-TU QUE DES LUNETTES ME DONNERAIENT L'AIR PLUS INTELLIGENT?
© 1997 PAWS. INC./Distributed by Universal Press Syndicate
VOYONS VOIR
NON, TU SEMBLES ENCORE STUPIDE
JIM DAVIS 9-5

Ouah! Ouah! Wouf! Wouf! Wouf!
© 1997 PAWS. INC./Distributed by Universal Press Syndicate
Ouah! Ouah! Wouf! YIP! YIP! Wouf! Wouf!
GRR
JE ME SENS IDIOT
CHIEN DE GARDE EN VACANCES. PRIÈRE D'ABOYER VOUS-MÊME
JIM DAVIS 9-6

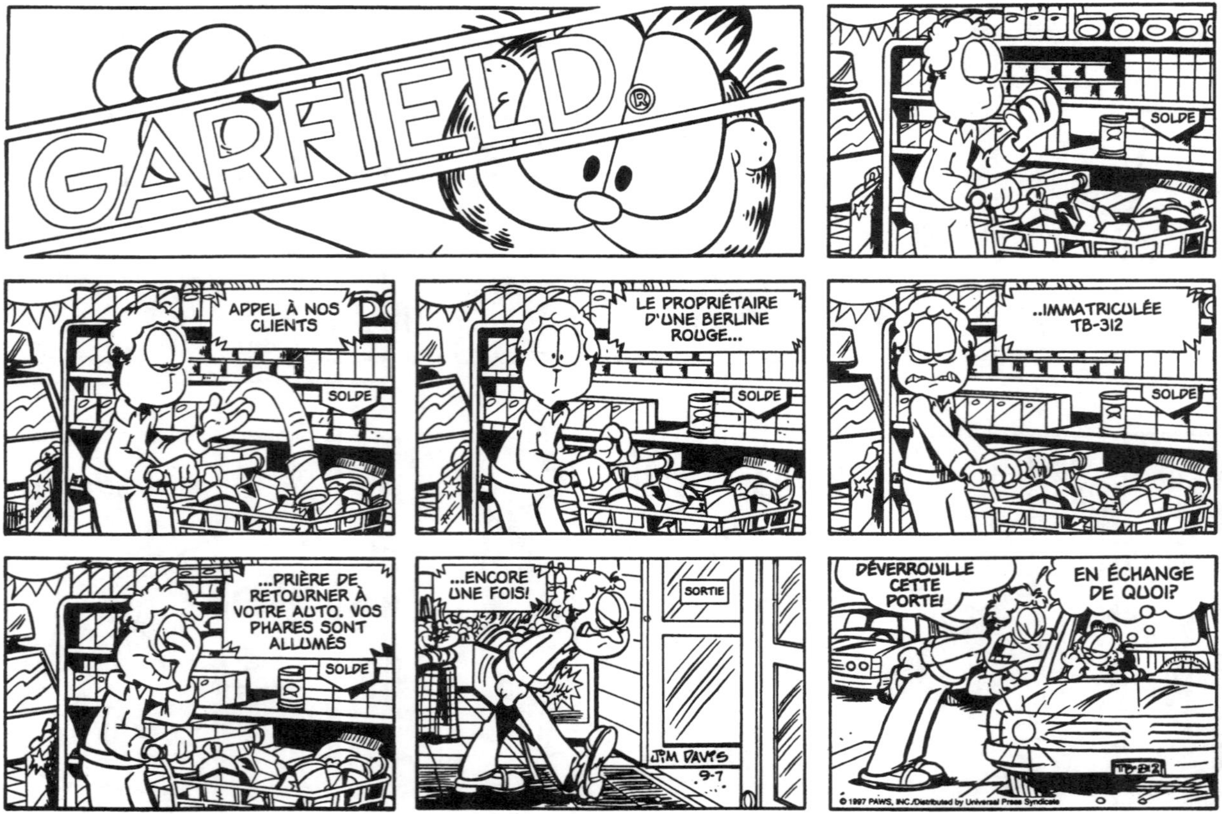
GARFIELD®
SOLDE
APPEL À NOS CLIENTS
SOLDE
LE PROPRIÉTAIRE D'UNE BERLINE ROUGE...
SOLDE
..IMMATRICULÉE TB-312
SOLDE
...PRIÈRE DE RETOURNER À VOTRE AUTO. VOS PHARES SONT ALLUMÉS
SOLDE
...ENCORE UNE FOIS!
SORTIE
JIM DAVIS 9-7
DÉVERROUILLE CETTE PORTE!
EN ÉCHANGE DE QUOI?
TB-312
© 1997 PAWS, INC./Distributed by Universal Press Syndicate

BIENVENUE À «INITIATION À LA PHYSIQUE QUANTIQUE»!
CLIC CLIC CLIC
OUF! GARE!
FIOU! J'AI FAILLI VOIR UNE ÉMISSION VALABLE!
JIM DAVIS 9-8
© 1997 PAWS. INC./Distributed by Universal Press Syndicate

BIENVENUE À «DUR D'OREILLE»
NOUS SOMMES GRANDES GUEULES, NOUS EN SOMMES FIERS...
NOUS SOMMES AUSSI MESQUINS!!
JIM DAVIS 9-9
© 1997 PAWS. INC./Distributed by Universal Press Syndicate

LE MOMENT EST VENU D'OUVRIR LA PORTE...
VOICI LA SCÈNE OÙ J'AI PEUR
© 1997 PAWS, INC./Distributed by Universal Press Syndicate
CRIIIIIII...
JE NE VEUX PAS VOIR!
AAAH! UN SOUFFLÉ PARFAIT!
OUF!
JIM DAVIS 9-10

NOUS VOYONS ICI UN LION DÉVORER UNE ANTILOPE
© 1997 PAWS, INC./Distributed by Universal Press Syndicate
JIM DAVIS 9-11
PLUTÔT DÉGUEU, HEIN?
TU PARLES! SANS NAPPE!

MON PROCHAIN INVITÉ EST UN MONSTRE PRÉHISTORIQUE
© 1997 PAWS, INC. Distributed by Universal Press Syndicate
VENU DU CENTRE DE LA TERRE POUR DÉTRUIRE TOKYO
IL A ÉCRIT UN LIVRE RELATANT SON EXPÉRIENCE
COMME DE RAISON!
JIM DAVIS 9-12

JE VAIS FAIRE RÉPARER LA TÉLÉ, GARFIELD
© 1997 PAWS, INC. Distributed by Universal Press Syndicate
JIM DAVIS 9-13
JE NE PEUX PLUS SUPPORTER DE TE VOIR AINSI À LA FENÊTRE...
À CLIQUER SUR LA TÉLÉCOMMANDE
CHANGE! MAIS CHANGE DONC!
CLIC
CLIC
CLIC
CLIC

GARFIELD®
DE RETOUR APRÈS CETTE PAGE PUBLICITAIRE
OH LA LA!
PLOP
SLAM!
CHLIC
CHLIC
SEL TCHOC
SEL TCHOC
SEL TCHOC
GLOU
GLOU
GLOU
SLAM!
REGARDEZ-LE! QUELLE FORME! QUELLE PRÉCISION!
PATTA
PATTA
PATTA
PATTA
PATTA
PATTA
... QUELLE GRÂCE!
JIM DAVIS 8-14
PUIS IL S'AFFALE DANS LA DERNIÈRE LIGNE DROITE!
DE RETOUR À L'ÉMISSION EN COURS...

JE VIENS DE ME REMÉMORER DE BONS MOMENTS
BONS MOMENTS?
JE DEVAIS ÊTRE ENDORMI
© 1997 PAWS. INC./Distributed by Universal Press Syndicate
TU ÉTAIS ENDORMI
HÉ!
JIM DAVIS 9-15

SI JE BOTTE ODIE COMME CECI...
POUF!
© 1997 PAWS. INC./Distributed by Universal Press Syndicate
ET PUIS COMME CELA...
WHAM!
C'EST COMME SI JE NE L'AVAIS JAMAIS BOTTÉ!
JIM DAVIS 9-16

JE SENS UN STRESS
MOI AUSSI
© 1997 PAWS. INC./Distributed by Universal Press Syndicate
BURRRRRRRRRRRRP
PLUS MAINTENANT
JIM DAVIS 9-17

JON, JE SUIS ALLÉ CHERCHER LE JOURNAL
JIM DAVIS 9-18
© 1997 PAWS. INC./Distributed by Universal Press Syndicate
MAIS IL EST PLUTÔT LOURD
ALORS JE L'APPORTE PAR ÉTAPES

AVIS À TOUS! GARFIELD A ATTRAPÉ UNE SOURIS!
JIM DAVIS 9-19
© 1997 PAWS. INC./Distributed by Universal Press Syndicate
IL S'AMUSE AVEC ELLE, ENSUITE IL VA LA BOUFFER!
TON DOS, ÇA VA MIEUX?
ENCORE QUELQUES MINUTES

GARFIELD, JE T'AI RÉSERVÉ QUELQUES TRAVAUX
HEUREUX D'AIDER
© 1997 PAWS. INC./Distributed by Universal Press Syndicate
JIM DAVIS 9-20
UN DE CES JOURS

Garfield®
HUM!
BAS LES PATTES!
ARRIÈRE GROS-LARD!
EUF...
© 1987 PAWS, INC./Distributed by Universal Press Syndicate
JIM DAVIS 9-21
BIEN LE BON-JOUR!
ENFIN!
QUELQU'UN QUI M'AIME COMME JE SUIS!

NE CRAINS RIEN! JE NE PIQUE PAS!
CAR JE SUIS UNE PACIFISTE
© 1997 PAWS. INC./Distributed by Universal Press Syndicate
À MES YEUX, T'AS L'AIR D'UNE ARAIGNÉE
JIM DAVIS 9-22

VOICI UN PETIT JEU APPELÉ «BOU-WHAM»
© 1997 PAWS. INC./Distributed by Universal Press Syndicate
BOU!!
AÏE!
WHAM!
JIM DAVIS 9-23

COMMENT VONT MADAME ET LES ENFANTS?
TU LES AS ÉCRASÉS HIER!
© 1997 PAWS, INC./Distributed by Universal Press Syndicate
OH!... OUAIS
VOICI CE QUE L'ON APPELLE UN «MOMENT DE GÊNE»
JIM DAVIS 9-24

SAIS-TU CE QUE JE VIENS D'APPRENDRE?
© 1997 PAWS, INC./Distributed by Universal Press Syndicate
JIM DAVIS 9-25
LES ARAIGNÉES FONT DE PIÈTRES NAGEUSES

CHAT, VOICI MON AMIE ALIDA LA TIQUE
BONJOUR!
© 1997 PAWS. INC./Distributed by Universal Press Syndicate
CHLIC
HÉ! MAIS QU'EST-CE QUE TU FAIS?
JIM DAVIS 9-26
ELLE ME DEVAIT DE L'ARGENT!

HUM... JE NE ME SOUVIENS PAS AVOIR ÉCRASÉ CES ARAIGNÉES...
© 1997 PAWS. INC./Distributed by Universal Press Syndicate
EST-IL PARTI?
OUAIS
FRANK, T'ES UN GÉNIE!
À LA GUERRE COMME À LA GUERRE
JIM DAVIS 9-27

Manger Dormir Goûter 9/28/97
Nouveau message Échangeur Garfield
À Toi
De GARFIELD
Pour Bande dessinée du dimanche
HAHAHAHAHAHAHAHAHAHAHAHAHAHAHAHA
HAHAHAHAHAHAHAHAHAHAHAHAHAHAHAHA
Mail
© 1997 PAWS, INC./Distributed by Universal Press Syndicate
WHOP
AS-TU LE JOURNAL?
NON, C'EST LUI QUI M'A EU
JIM DAVIS 9-28

GARFIELD, J'AI CERNÉ TON PROBLÈME
ÇA CONCERNE TON ESTIME PERSONNELLE
T'EN AS TROP
«T'EN AS TROP, MONSIEUR»
© 1997 PAWS. INC./Distributed by Universal Press Syndicate
JIM DAVIS 9-29

REGARDE DERRIÈRE TOI, ODIE!
© 1997 PAWS. INC./Distributed by Universal Press Syndicate
FLAP FLAP FLAP FLAP FLAP
J'ADORE CE TOUTOU!
JIM DAVIS 9-30

JE CROIS L'AVOIR À PRÉSENT, GARFIELD
OUI!
ZUT!
IL TENTE DE VISSER UNE AMPOULE
JIM DAVIS 10-1
© 1997 PAWS. INC./Distributed by Universal Press Syndicate

TU PROJETTES DE ME MORDRE, NON?
JIM DAVIS 10-2
© 1997 PAWS. INC./Distributed by Universal Press Syndicate
QU'EST-CE QUI TE FAIT DIRE ÇA?
T'AS MIS DE LA MOUTARDE SUR MA MAIN!
VOYONS ÇA DE PLUS PRÈS

J'ESPÈRE QUE TU N'AS PAS MANGÉ LE PAIN DE VIANDE, GARFIELD
IL TRAÎNE AU FRIGO DEPUIS SIX MOIS
QUICONQUE EN MANGE N'A PLUS QUE CINQ MINUTES À VIVRE
ALORS, JUSTE LE TEMPS D'UN DESSERT
© 1997 PAWS, INC./Distributed by Universal Press Syndicate
JIM DAVIS 10-3

EUF
POURQUOI NE PAS FAIRE MONTRE D'ENTHOUSIASME?
EUF!
© 1997 PAWS, INC./Distributed by Universal Press Syndicate
JIM DAVIS 10-4

GARFIELD ®
TAP TAP TAP
GARE AU CHIEN
NAVRÉ, MAIS JE NE PEUX ABOYER AUJOURD'HUI
POURQUOI PAS?
JIM DAVIS 10-5
J'AI MAL À LA GORGE
PAS DE PROBLÈME!
MAMAN A UN REMÈDE QUI TE FERA ABOYER EN MOINS DE DEUX!
VRAIMENT?
D'ABORD, UN DRAP DE BAIN QUE L'ON IMBIBE D'EAU GLACÉE À L'AIDE DU BOYAU... PUIS
SCHLAPP!
© 1997 PAWS, INC./Distributed by Universal Press Syndicate
Wouf! Ouah! Ouah! Wouf! Wouf! Wouf!
CHÈRE MAMAN!

GARFIELD, JE VAIS CONSACRER UN MOMENT À RÉFLÉCHIR À MON EXISTENCE
FLÛTE! CE FUT BREF!
COMME FAIRE DE LA PLONGÉE DANS UN VERRE D'EAU
© 1997 PAWS, INC./Distributed by Universal Press Syndicate
JIM DAVIS 10-6

J'ÉTOUFFE!
JE TRÉPASSE!
PROUF!
TU DEVRAIS REVENIR AUX FAUSSES CRAVATES, JON
© 1997 PAWS, INC./Distributed by Universal Press Syndicate
JIM DAVIS 10-7

JE VAIS ÉTABLIR UN RECORD, GARFIELD
TROIS CENTS JOURS CONSÉCUTIFS SANS PRONONCER LE MOT «HARICOT»!
ZUT!
OÙ PEUT-ON S'ACHETER UNE RAISON D'EXISTER?
JIM DAVIS 10-8
© 1997 PAWS, INC./Distributed by Universal Press Syndicate

L'HEURE EST AUX RÉJOUISSANCES!
C'EST L'ANNIVERSAIRE DE RENALDO SMIT, LE PÈRE DE LA PHILATÉLIE!
LE CHOCOLAT CHAUD VA COULER CE SOIR!
J'ÉPROUVE UNE FORTE ENVIE DE PERFORER QUELQUE CHOSE
JIM DAVIS 10-9
© 1997 PAWS, INC./Distributed by Universal Press Syndicate

LA VIE EST INJUSTE, GARFIELD
SOYONS RÉALISTES
JIM DAVIS
© 1997 PAWS. INC./Distributed by Universal Press Syndicate
TU NE PEUX PAS TOUJOURS OBTENIR CE QUE TU DÉSIRES
PAR CONTRE, MOI JE PEUX!
10-10

JE DOIS CHANGER MON IMAGE
© 1997 PAWS. INC./Distributed by Universal Press Syndicate
TU AS UNE IMAGE?
JIM DAVIS 10-11

GARFIELD
R
ZUT!
CLIC CLIC CLIC
CLIC CLIC
ZUT!
CLIC
CLIC
CLI-
ZUT!
CLI-
ARRRGGHHH
PERSONNE NE PERD AUX JEUX ÉLECTRONIQUES PLUS VITE QUE JON
© 1997 PAWS, INC./Distributed by Universal Press Syndicate
JIM DAVIS 10-12

UN MONDE EXCITANT T'ATTEND À L'EXTÉRIEUR!
IL DOIT Y AVOIR DE LA BOUFFE SUR LA PELOUSE
© 1997 PAWS, INC Distributed by Universal Press Syndicate
JIM DAVIS 10-13

HOP LÀ!
HI! HI! HI!
HI! HI! HI!
© 1997 PAWS, INC Distributed by Universal Press Syndicate
JIM DAVIS 10-14

CE PANTALON EST FORT INCONFORTABLE
JIM DAVIS 10-15
© 1997 PAWS. INC /Distributed by Universal Press Syndicate
PEUT-ÊTRE PARCE QU'IL S'AGIT D'UNE CHEMISE

MIAM MIUM
MIUM MIAM
GARFIELD
QUAND JE TE REGARDE MANGER, JE PERDS L'APPÉTIT
GARFI
JIM DAVIS 10-16
J'AI TROUVÉ UN FILON
GAR

JE N'Y SUIS POUR RIEN, JON!
JIM DAVIS 10-17
© 1997 PAWS, INC Distributed by Universal Press Syndicate
PROUF
LA SYNCHRO, GARFIELD, LA SYNCHRO!

JE ME DEMANDE SI CE CAFÉ EST BON
© 1997 PAWS, INC Distributed by Universal Press Syndicate
JE VAIS FAIRE LE TEST DU TREMPAGE
IL EST BOOOON!
JIM DAVIS 10-18

Garfield
CLIC
AU SOMMAIRE...
DES INSECTES GÉANTS ONT ENVAHI UN POSTE DE TÉLÉ!
DES INSECTES GÉANTS QUI PRÉSENTENT LE JOURNAL PARLÉ
© 1997 PAWS, INC./Distributed by Universal Press Syndicate
TCHAC! TCHAC! TCHAC! TCHAC! TCHAC! TCHAC!
DES INSECTES GÉANTS QUI SE RIENT BIEN DES VAINES TENTATIVES EN VUE DE LES ÉCRASER AVEC UN MAGAZINE... HA! HA! HA! HAAA!
TOUTE RÉSISTANCE EST INUTILE! HUMAINS, SOUMETTEZ-VOUS!
ALLEZ! LES NOUVELLES DU SPORT!
JIM DAVIS 10-19

À L'AIDE! À L'AIDE!
IL SEMBLE QUE QUELQU'UN A BESOIN DE SUPER CHIEN-CHIEN!
WHAM!
IL S'EST ÉCRASÉ SUR UNE BORNE FONTAINE
© 1997 PAWS. INC./Distributed by Universal Press Syndicate
JIM DAVIS 10-20

JON M'A DEMANDÉ DE VISIONNER CETTE BANDE
CLIC
HELLO! EUH, ICI JON ARBUCKLE QUI SOUHAITE VOUS PRÉSENTER LA VIDÉO DE CONDITIONNEMENT PHYSIQUE DE GARFIELD!
Z
DRÔLE COMME UN SINGE, CE JON ARBUCKLE!
© 1997 PAWS. INC./Distribuied by Universal Press Syndicate
JIM DAVIS 10-21

JIM DAVIS 10-22
© 1997 PAWS, INC./Distributed by Universal Press Syndicate
POURQUOI ESSAIES-TU DE ZAPPER AVEC UNE TABLETTE DE CHOCOLAT?
BURP
HO OH!

VOICI LE VIEUX PARESSEUX QUI AVANCE TRÈS LENTEMENT SUR SES TROIS ORTEILS...
© 1997 PAWS, INC./Distributed by Universal Press Syndicate
ET LUI, QUI EST-IL? C'EST MONSIEUR ANACONDA!
JIM DAVIS 10-23
AÏE! ÇA N'A PAS PRIS DE TEMPS
JE PARIE QU'EN PLUS IL ÉTAIT SAVOUREUX

WOUF!
WOUF!
© 1997 PAWS. INC./Distributed by Universal Press Syndicate
COMME UN VRAI CHIEN
JIM DAVIS 10-24
EUH... WOUF?
IL OUBLIE SES RÉPLIQUES

JE ME DEMANDE SI UNE VISITE DE MON COPAIN BUBBA, MA CHAUSSETTE MARIONNETTE, NE METTRAIT PAS UN PEU D'AMBIANCE
© 1997 PAWS. INC./Distributed by Universal Press Syndicate
IL EST ARRIVÉ PEU DE CHOSES À BUBBA
JIM DAVIS 10-25

GARFIELD®
PIC PIC
© 1997 PAWS, INC./Distributed by Universal Press Syndicate
PIC PIC
JIM DAVIS 10-26

EN QUOI ES-TU DÉGUISÉ?
EN CHAT QUI PORTE DES LUNETTES NOIRES, AVEC UNE FAUSSE FLÈCHE LUI TRANSPERÇANT LA TÊTE, QUI TIENT UN POULET DE CAOUTCHOUC, EINSTEIN!
JIM DAVIS 10-27
© 1997 PAWS, INC /Distributed by Universal Press Syndicate

C'EST DORIS BLASKO, MA PETITE AMIE À L'ÉCOLE
ALBUM
JIM DAVIS 10-28
© 1997 PAWS, INC /Distributed by Universal Press Syndicate
DORIS ÉTAIT TRÈS MÛRE POUR SON ÂGE
ALBUM
ELLE FUT LA PREMIÈRE DE LA CLASSE À AVOIR DES POILS AU VISAGE
RAREMENT A-T-ON VU UNE FEMME PORTER UNE MOUSTACHE AVEC AUTANT DE PANACHE
ALBUM

HÉ! OÙ EST LE RESTE DE MA LESSIVE?
JIM DAVIS 10-29
© 1997 PAWS, INC./Distributed by Universal Press Syndicate
DU LINGE SALE PORTÉ DISPARU?
C'EST UNE MISSION POUR... LA CHAUSSETTE MASQUÉE!

TU PORTES MES CHAUSSETTES!
C'EST POURQUOI ON M'APPELLE «LA CHAUSSETTE MASQUÉE»
JIM DAVIS 10-30
© 1997 PAWS, INC./Distributed by Universal Press Syndicate
C'EST PIRE QUE TOUT!
PAS VRAIMENT...
VOICI MON ACOLYTE «NAUSÉE»!

Y A-T-IL UN CRIMINEL À COMBATTRE PAR ICI?
NON?
TANT MIEUX! JE NE SUIS QU'UN CHAT AVEC UNE CHAUSSETTE SUR LA TÊTE
© 1997 PAWS. INC./Distributed by Universal Press Syndicate
JIM DAVIS
10-31

ENFIN!
LA PREMIÈRE PUB DE NOËL
© 1997 PAWS. INC./Distributed by Universal Press Syndicate
JIM DAVIS 11-1

Garfield®
EUF
LES FEUILLENT TOMBENT ET BIENTÔT J'ATTRAPERAI DES FLOCONS DE NEIGE AVEC MA LANGUE
JIM DAVIS 11-2
!
© 1997 PAWS, INC./Distributed by Universal Press Syndicate
ÉTONNANT!
SUIS-JE DEVIN OUI OU M...?
PTUI!
PTUI!
PTUI!
PTUI!

GARFIELD, TON ESTOMAC DEVRAIT ÊTRE PLUS PETIT
© 1997 PAWS. INC./Distributed by Universal Press Syndicate
ALORS TU DEVRAIS TE TENIR UN PEU PLUS LOIN
JIM DAVIS 11-3

C'ÉTAIT UN BEAU JOUR AU PAYS DES PÈSE-PERSONNES
© 1997 PAWS. INC./Distributed by Universal Press Syndicate
SOUDAIN, LA FORÊT OÙ HABITAIENT LES PÈSE-PERSONNES DEVINT SILENCIEUSE
JE LE HAIS LORSQU'IL BAVARDE
UNE OMBRE ÉNORME S'ABATTIT SUR LA CONTRÉE...
JIM DAVIS 11-4

JE PENSE QUE TU ES TROP GROS
JIM DAVIS 11-5
© 1997 PAWS, INC./Distributed by Universal Press Syndicate
REVIENS LORSQUE TU EN SERAS ABSOLUMENT SÛR

SALUT LE GROS!
© 1997 PAWS, INC./Distributed by Universal Press Syndicate
...GROS-LARD GROS-GROS-LARDON. GROS-GROS-GROS-TAS DE LARD. GROS-LARD GROS-LARD, GROS LARDON, GROS, GROS, GROS...
GROS-LARD, GROS TAS DE LARD!
JE COMPTE LES JOURS AVANT QUE SES PILES SOIENT À PLAT
JIM DAVIS 11-6

CLIC
CLIC
© 1997 PAWS, INC./Distributed by Universal Press Syndicate
NOUS VOICI AU FESTIVAL DES FROMAGES DE SAINT-PAULIN
UNE DIÈTE S'IMPOSE
JIM DAVIS 11-7

© 1997 PAWS, INC./Distributed by Universal Press Syndicate
VOUS ÊTES GROS
SLAP
VOUS LE SEREZ DAVANTAGE APRÈS AVOIR AVALÉ CET ÉCLAIR
JIM DAVIS 11-8

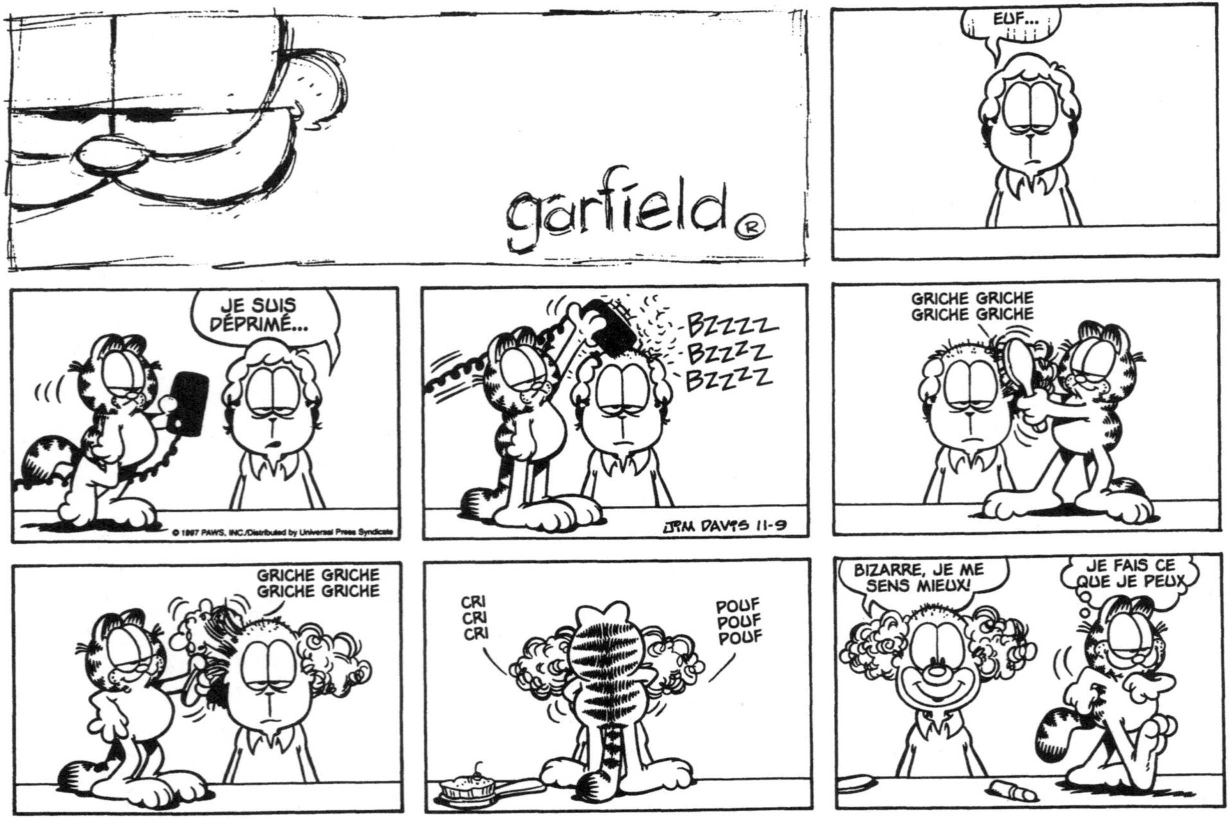
garfield®
EUF...
JE SUIS DÉPRIMÉ...
© 1997 PAWS, INC./Distributed by Universal Press Syndicate
BZZZZ BZZZZ BZZZZ
JIM DAVIS 11-9
GRICHE GRICHE GRICHE GRICHE
GRICHE GRICHE GRICHE GRICHE
CRI CRI CRI
POUF POUF POUF
BIZARRE, JE ME SENS MIEUX!
JE FAIS CE QUE JE PEUX

JE HAIS CE RÉGIME
JIM DAVIS 11-10
© 1997 PAWS INC Distributed by Universal Press Syndicate
OUAH!
LE MARCHAND DE GLACES
www.garfield.com

VOICI UNE COLLATION DIÈTE! DES BRETZELS SANS SEL ET SANS GRAS!
JIM DAVIS 11-11
www.garfield.com
© 1997 PAWS INC Distributed by Universal Press Syndicate
MIAM MIAM MIAM

MIAM MIAM MIAM MIAM MIAM MIAM MIAM MIAM
www.garfield.com
MIAM MIAM MIAM MIAM MIAM MIAM MIAM MIAM
© 1997 PAWS. INC./Distributed by Universal Press Syndicate
D'ACCORD! TU PEUX GRIGNOTER AUTRE CHOSE QUE DU CÉLERI!
PUISQUE TU INSISTES
JIM DAVIS 11-12

ET CE RÉGIME, GARFIELD, ÇA VA?
JIM DAVIS 11-13
© 1997 PAWS. INC./Distributed by Universal Press Syndicate
www.garfield.com
ET QUE FONT MES GODASSES DANS CE CHAUDRON D'EAU BOUILLANTE?
ELLES S'ATTENDRISSENT

CE RÉGIME M'A DONNÉ DU MAL
JIM DAVIS 11-14
© 1997 PAWS, INC Distributed by Universal Press Syndicate
MAIS AU MOINS, CETTE FOIS, JE N'AI PAS EU D'HALLUCINATION
EXCUSEZ-MOI...
www.garfield.com
PUIS-JE VOUS EMPRUNTER UNE TASSE DE SAUCE AUX ABATS?
NE TE RETOURNE PAS, GARFIELD, SURTOUT PAS!

VOTRE POIDS NE ME REGARDE PAS
www.garfield.com
GARFIELD...
© 1997 PAWS, INC Distributed by Universal Press Syndicate
AS-TU TRAFIQUÉ LE PÈSE-PERSONNE?
CELA NE TE REGARDE PAS
JIM DAVIS 11-15

Garfield
GLOU
ET TON RÉGIME, GARFIELD?
ÇA VA, JON. MERCI
SNARF
GLOU
SCARF
GLOU
NOUS NE TRICHERIONS PAS, N'EST-CE PAS?
OÙ AS-TU PRIS UNE TELLE IDÉE?
JPM DAVIS 11-16
© 1997 PAWS, INC./Distributed by Universal Press Syndicate
www.garfield.com

EST-CE QUE L'ON SE SOUVIENDRA DE MOI QUAND J'AURAI DISPARU?
BIEN ENTENDU
© 1997 PAWS, INC./Distributed by Universal Press Syndicate
LES GENS DIRONT? «JE M'ENNUIE DE...»
www.garfield.com
COMMENT S'APPELAIT-IL DÉJÀ?
SNAP SNAP SNAP
JIM DAVIS 11-17

JIM DAVIS 11-18
www.garfield.com
PUMPA PUMPA PUMPA
© 1997 PAWS, INC./Distributed by Universal Press Syndicate
LES GRIFFES SONT L'INSTRUMENT DU DIABLE

LES CÉRÉALES NE SONT PAS BONNES POUR LA SANTÉ
BIEN SÛR, ELLES SONT NUTRITIVES...
MAIS AVEZ-VOUS DÉJÀ TENTÉ DE DIGÉRER UN DÉCODEUR?
© 1997 PAWS, INC./Distributed by Universal Press Syndicate
JIM DAVIS 11-19
www.garfield.com

HI-HA! HORS DE MON CHEMIN CHIEN-CHIEN!
SALUT MON VIEUX!
S'IL ÉTAIT UN INSECTE, JE L'ÉCRASERAIS
© 1997 PAWS, INC./Distributed by Universal Press Syndicate
JIM DAVIS 11-20
www.garfield.com

HÉLÈNE, ICI JON
JIM DAVIS 11-21
© 1997 PAWS, INC./Distributed by Universal Press Syndicate
CLIC
www.garfield.com
INUTILE DE RAMPER HÉLÈNE! JE NE T'ACCOMPAGNERAI PAS
IL TENTE D'IMPRES-SIONNER UN CHAT

JIM DAVIS 11-22
www.garfield.com
© 1997 PAWS INC Distributed by Universal Press Syndicate
L'ENNUI SYNCHRONISÉ

GARFIELD
ET SI JE M'AMUSAIS À ÉCRASER LES ARAIGNÉES, POUR CHANGER?
CHAT, JE TE PRÉVIENS? VAUT MIEUX NE PAS ME CHERCHER!
SINON, QU'ADVIENDRA-T-IL?
JE VAIS LE DIRE À MON FRÈRE!
BRRR! J'EN FRÉMIS D'AVANCE!
HÉ! ROGER! VIENS PAR ICI!
OUAIS?
CE GROS CHAT IDIOT DIT QU'IL VEUT M'ÉCRASER!
© 1997 PAWS, INC./Distributed by Universal Press Syndicate
www.garfield.com
PUIS-JE AVOIR TES CD?
JIM DAVIS 11-23

JON, TU N'APPRÉCIES PAS LE GRAND CHASSEUR QUE JE SUIS
JE VIS AU PARADIS DES SOURIS!
QUEL À-PROPOS!
JIM DAVIS 11-24
© 1997 PAWS, INC. Distributed by Universal Press Syndicate
www.garfield.com

JIM DAVIS 11-25
ELLES DEVIENNENT PLUS FUTÉES
© 1997 PAWS, INC./Distributed by Universal Press Syndicate
www.garfield.com

IL Y A LONGTEMPS QUE JE T'AI VU CHASSER LA SOURIS
© 1997 PAWS. INC./Distributed by Universal Press Syndicate
J'AI UN PLAN FORT INGÉNIEUX
www.garfield.com
JIM DAVIS
D'ABORD, JE LUI INSUFFLE UN SENTIMENT DE SÉCURITÉ ET ENSUITE JE PLANIFIE DE N'ABSOLUMENT RIEN FAIRE
11·26

JIM DAVIS 11-27
TU FAIS UN PIÈTRE CHAT
© 1997 PAWS. INC./Distributed by Universal Press Syndicate
JE SAIS
www.garfield.com
IL SAIT

JON A CAPTURÉ DE JOLIES SOURIS GRÂCE À SA CAGE
© 1997 PAWS, INC./Distributed by Universal Press Syndicate
CE N'EST PAS CE QUI M'AGACE
www.garfield.com
MAIS LES ENTENDRE FRAPPER LEURS GOBELETS D'ÉTAIN CONTRE LES BARREAUX...
JIM DAVIS 11-28

AUJOURD'HUI, LA SOURIS VA SAVOIR DE QUEL BOIS JE ME CHAUFFE
JIM DAVIS 11-29
© 1997 PAWS INC Distributed by Universal Press Syndicate
PETITES NATURES, S'ABSTENIR DE REGARDER
www.garfield.com
HÉ! QUI CHANGE DE CHAÎNES?
CLIC
CLIC
CLIC

Garfield
GARFIELD, J'AI LA TÊTE COINCÉE DANS LA CORBEILLE...
LES MAINS PRISES DANS DES POTS DE MARINADES...
ET MA DULCINÉE QUI SERA LÀ DANS UN INSTANT! QUE FAIRE?
NE BOUGE PLUS
DING DONG
TOUT FINIT PAR S'ARRANGER
JPM DAVIS 11-30
www.garfield.com

J'AI DRESSÉ UNE LISTE D'OBJECTIFS À ATTEINDRE
© 1997 PAWS, INC./Distributed by Universal Press Syndicate
APPRENDRE À JONGLER...
www.garfield.com
ET ÊTRE ACCOMPAGNÉ D'UNE FILLE AU NOUVEL AN
AU COURS DE CE MILLÉNAIRE?
JIM DAVIS 12-1

JIM DAVIS 12-2
RUNK-ITTA
© 1997 PAWS, INC./Distributed by Universal Press Syndicate
BRAP
BRAP
www.garfield.com
BRRRRR RRR RR

QUESTIONS SUR LA NUTRITION, GARFIELD? QUELLE EST LA VITAMINE LA PLUS NÉCESSAIRE À TON ORGANISME?
LA GRAISSE
NOMME UN ALIMENT PLEIN D'ÉNERGIE
DE LA VIANDE QUI REMUE ENCORE
QUEL EST LE PLUS IMPORTANT REPAS DE LA JOURNÉE?
LE GOÛTER DE 16 HEURES? CROUSTILLES ET TREMPETTE AUX ANCHOIS
JIM DAVIS 12-3

25

OUI GARFIELD. JE SAIS QUE NOËL APPROCHE
JIM DAVIS 12-4

J'ÉCRIS AU PÈRE NOËL
QU'EST-CE QUE TU ES VIEUX JEU, MON BONHOMME!
JE LUI AI ÉCRIT PAR COURRIER ÉLECTRONIQUE
© 1997 PAWS. INC./Distributed by Universal Press Syndicate
www.garfield.com
JIM DAVIS 12-5

HÉ ESTELLE!
REGARDE LÀ-HAUT!
BEL EFFORT FRANKIE!
JIM DAVIS 12-6
© 1997 PAWS. INC./Distributed by Universal Press Syndicate
www.garfield.com

Garfield
GARFIELD, TU M'AIDES À RÉDIGER UNE LETTRE AU PÈRE NOËL?
CAUSE TOUJOURS...
COMME SI LE PÈRE NOËL LISAIT TOUTES LES LETTRES...
BING
© 1997 PAWS, INC./Distributed by Universal Press Syndicate
www.garfield.com
UN GRELOT DE TRAÎNEAU!
... ET UN POT D'HERBE AUX CHATS, ET UNE NOUVELLE GAMELLE, ET UN POTEAU À GRIFFER, ET...
JPM DAVPS 12-7

D'ORDINAIRE, MAMAN GLISSE QUELQUE CHOSE DANS MA CARTE DE NOËL
© 1997 PAWS. INC. Distributed by Universal Press Syndicate
JIM DAVIS 12-8
HOURRA! ELLE N'A PAS OUBLIÉ
www.garfield.com
DE LA PURÉE DE POMMES DE TERRE!
OH LA LA! LA MIENNE CONTIENT PEUT-ÊTRE LA SAUCE?!

HUM...
© 1997 PAWS. INC./Distributed by Universal Press Syndicate
JIM DAVIS 12-9
www.garfield.com

POSE TON DOIGT ICI POUR QUE JE PUISSE NOUER LE RUBAN
JPM DAVIS 12-10
© 1997 PAWS, INC./Distributed by Universal Press Syndicate
www.garfield.com
MERCI
MERCI
RAPPORTE ÇA ICI!

NAN... NAN... NAN... PAS ÇA... NAN
FLIP
FLIP
CATALOG
www.garfield.com
JPM DAVIS 12-11
© 1997 PAWS INC Distributed by Universal Press Syndicate
EUF...
DUR DE LUI ACHETER QUELQUE CHOSE
CATALOG

COMMENT S'EST DÉROULÉE LA VISITE CHEZ LE PÈRE NOËL?
TRÈS BIEN
LE PÈRE NOËL ÉTAIT DE BONNE HUMEUR
CONNAIS-TU L'HISTOIRE À PROPOS DU LUTIN ET DU BROYEUR?
© 1997 PAWS. INC./Distributed by Universal Press Syndicate
JIM DAVIS 12-12
www.garfield.com

MIGNONS CES BISCUITS DE NOËL EN FORME DE CHIEN-CHIENS
© 1997 PAWS. INC. Distributed by Universal Press Syndicate
www.garfield.com
MINUTE! QUI A BOUFFÉ TOUTES LES TÊTES?
JIM DAVIS 12-13